STRUMENTI E STRATEGIE PER IL TUO FACEBOOK MARKETING

1

Sommario

PREMESSA

Cari Lettori/Lettrici,

In questo E-book ci occuperemo del famosissimo Social che ormai rende schiavi del suo utilizzo più di un milione di utenti, stiamo parlando del social Facebook. Parleremo del suo utilizzo non soltanto a livello personale, ma come può essere utilizzato per finalità di Marketing, ovvero il Facebook Marketing. I social non servono soltanto a pubblicare, commentare e postare foto on line. Grazie ai Social sarà possibile far fruttare il loro utilizzo attraverso delle strategie di Social Media Marketing, che ti permetteranno di racimolare un gruzzoletto per arrotondare le cifre della tua attività. Se utilizzi Facebook come il tuo pane quotidiano ed inoltre gestisti una piccola attività di qualsiasi genere, sei nel posto giusto. Sfrutta le tue abilità e mettile in risalto con Facebook. Rendi la tua azienda visibile inoltrandoti nel mondo del Social Media Marketing. In questa guida cercherò di spiegarti come è semplice usare il Marketing Facebook, basta seguire i punti focali e salienti senza mai abbandonare la costanza, ingrediente fondamentale per intraprendere questa strada. La fantasia e la particolarità ti saranno di aiuto nel percorso. Il social media Marketing ti aiuterà a migliorare i tuoi profitti, stando comodamente seduto sulla poltrona di casa tua. Quello che ti serve è un computer, l'App di Facebook, tanta pazienza e determinazione.

PRESENTAZIONE

La Storia di Facebook

Chi di voi non conosce Facebook scagli la prima pietra. Facebook tiene ormai incatenati al suo utilizzo milioni di utenti, i quali non riescono più a farne a meno. Il social nasce nel 2004 grazie a **Mark Zuckerberg** come un servizio di ricerca degli utenti, per rimanere in contatto con gli amici, i colleghi e compagni di scuola di vecchia data. Esistono una miriade di storie dietro Facebook, gente che ha ritrovato il suo primo fidanzatino o parenti, amici, genitori che per qualche motivo non sono riusciti a rimanere in contatto. Mark Zuckerberg quando inventò Facebook era un semplice studente Universitario. In mente gli frullava un'idea che avrebbe stravolto il mondo del web, creò un sito dove gli studenti potevano pubblicare le proprie foto e rimanere in contatto con i vecchi studenti del college. Il nome deriva proprio da questo: Facebook ovvero **"libro degli annuari"**, i famosi annuari che i college americani utilizzano, nl quale vengono conservate le fotografie di molti studenti che hanno frequentato quel corso di studio nel corso degli anni. In poco tempo Facebook divenne molto popolare nelle università americane e si estese in tutto il mondo come social network, conquistando molta fama che detiene tutt'ora oggi. Facebook può essere visto come una sorta di **"Carramba che sorpresa"** o **"C'è posta per te"**. Non è soltanto un luogo di ritrovo o di contatto, adesso è diventato qualcosa di molto diverso, molto di più. È diventato un luogo di servizi on-line in un unico pacchetto, è una community, un blog, una chat, forum, dà a disposizione un servizio di messaggistica istantanea, di posta elettronica e molto altro. Attraverso Facebook possiamo svolgere determinate attività: postare dei post personali, inviare dei messaggi di posta, discutere pubblicamente nei gruppi con altre persone, le chat private, condividere foto e video, seguire in tempo reale le news, creare pagine Facebook, e creare dei gruppi di discussione. Perché Facebook ha avuto così tanto successo rispetto agli altri social? Facebook è un social di facile utilizzo e permette di orientarti nel mondo web in modo semplice è sicuro. Per entrare nel mondo di Facebook il primo passo da compiere è sicuramente la registrazione. Registratevi sul sito, inserite i vostri dati personali, continuate fino ad arrivare al completamento dell'operazione seguendo le istruzioni. Dopo esservi Registrati su Facebook, iniziate le ricerche dei vostri amici, inviate loro una richiesta di amicizia. In questo modo inizierete a creare la vostra rete di contatti personali. Inoltratevi nel mondo di Facebook iniziando a condividere dei post pubblici e privati, le vostre foto e qualche commento. Cercate i gruppi o le pagine Facebook che potrebbero essere di vostro interesse magari pagine che si avvicinano allo Stile della vostra attività, spiare il nemico è sempre buona cosa. Attraverso i gruppi e le pagine Facebook conoscere altre persone con i vostri stessi interessi, magari qualcuno vi potrà anche dare una mano nella vostra attività di marketing. Se avete un'attività commerciale la prima cosa da fare è aprire la nostra pagina Facebook. Potrebbe accedere a Facebook utilizzando il vostro computer, tablet o smartphone. Ricordati che Facebook non richiede alcuna installazione di software sul vostro PC, dovrai soltanto registrare un account personale e accedere attraverso il suo indirizzo web. Per la registrazione Innanzitutto occorre avere almeno 14 anni, dovete indicare, cognome, indirizzo email, sesso e la data di nascita. Le altre informazioni relative agli studi, luogo di lavoro, interessi personali, la foto del profilo, la scuola frequentata, luogo di nascita e residenza sono tutte informazioni facoltative, non devono essere necessariamente inserite, non è una fase obbligatoria. Ricordate che Facebook è una piattaforma a cui accedono milioni di persone, le quali se lo vorranno potranno accingere alle vostre informazioni personali. Aggiungere questo tipo di informazioni non andrà a violare eccessivamente la vostra privacy, sono informazioni utili per essere trovati, ma non è necessario inserirle. Puoi decidere tu il livello di privacy da inserire su Facebook. La data di nascita purtroppo obbligatoria potete oscurarla se non volete venga vista. Facebook non ha alcun costo è completamente gratuito sia la sua iscrizione che il suo utilizzo, qualsiasi persona può iscriversi al Social purché abbia 14 anni. Facebook è un'ottima piattaforma non solo per la famiglia o per le persone ma è ottimo per le aziende in quanto viene visto come uno strumento di marketing. Anche le aziende si possono Registrare su Facebook creando dei gruppi e delle pagine, luogo in cui potrà interagire con i propri clienti. Grazie a Facebook, insieme ad altre piattaforme Social, nasce il social media marketing, tassello protagonista di questo e-book.

COSA E' IL SOCIAL MEDIA MARKETING

Molte volte il social media marketing viene utilizzato come sinonimo di Digital marketing, in realtà rappresenta una parte di esso. Se decidete di utilizzare il marketing digitale bisogna elaborare strategie molto complesse che inglobano investimenti puntando al profitto, utilizzando strumenti come radio e televisione. Il Digital marketing sfrutta molti canali digitali messi a disposizione per la promozione del tuo prodotto o del tuo Brand, mentre il social media marketing utilizza come strumentazione le piattaforme dei social. La maggior parte delle piattaforme Social ha sviluppato negli anni degli strumenti a pagamento come il **"Facebook ADS"** del quale parleremo più avanti, e permette agli imprenditori di creare il proprio investimento impostando delle **"Campagne"** finalizzate a raggiungere i propri utenti. Il social media marketing non è soltanto rappresentato da contenuti sponsorizzati, il suo obiettivo è quello di migliorare il Brand dell'azienda. Il Brand dovrà ottenere la massima visibilità influenzando gli acquisti degli utenti. Per ottenere un piano di social media marketing ottimo bisogna tenere in considerazione diversi fattori che elencheremo brevemente per poi approfondire nelle prossime pagine. Innanzitutto Bisogna definire i propri obiettivi, individuare il target di riferimento, selezionare le piattaforme più adatte alla propria strategia, impostare il budget a disposizione. Intraprendere una attività di social media marketing significa crearsi una propria routine quotidiana. Non è così semplice come si possa immaginare. Bisogna definire una strategia di contenuti e impostare un piano editoriale. I contenuti stanno alla base della strategia. Mantenere una pubblicazione costante individuando gli orari migliori per la pubblicazione dei vostri post sono le caratteristiche che dovranno essere messe in pratica, per accaparrare maggiori utenti. Cercate di creare una vera e propria comunità on-line. La costanza è la virtù dei forti, in questo caso dei **"vincenti"**.

I PRIMI PASSI VERSO IL TUO MARKETING

CREA IL TUO PIANO DI MARKETING

È molto importante realizzare un piano di marketing Facebook. Tutti i post, le risposte, I like e i commenti devono essere gettati da un piano preciso per raggiungere i tuoi obiettivi. Per realizzare la tua strategia non è necessario investire un budget stratosferico. La prima cosa su cui devi investire sono la realizzazione di contenuti di valore che ti connettono con i tuoi utenti e potenziali clienti. Adesso vediamo i primi passi per realizzare il tuo piano di marketing Facebook. Come prima cosa bisogna **"definire il tuo pubblico"**. Cerca la tua nicchia di utenti tenendo conto di alcuni fattori come l'età, dove vivono, che lavoro svolgono, quali sono i loro obiettivi e loro punti deboli, come quando e perché usano Facebook. Una volta individuato il target che utilizza la piattaforma puoi utilizzare questo strumento che si chiama **"Facebook audience Insight"**. Ti permetterà di vedere nel dettaglio le informazioni relative agli utenti che frequentano il tuo profilo.

Il secondo passo è definire i tuoi obiettivi. Ogni azienda ha il suo obiettivo, dovrete concentrarvi sulle azioni da compiere per ottenere dei risultati economici, migliorate il servizio dei vostri clienti e generate una Lead. Tutti i post, i commenti degli annunci che hai condiviso devono sviluppare come fine il raggiungimento dell'obiettivo. Per avviare il tuo piano social media marketing è importante fissare almeno tre obiettivi. Ogni obiettivo deve contenere delle caratteristiche fondamentali. Deve essere specifico, misurabile, raggiungibile, rilevante e con un limite di tempo. Un altro fattore importante e utilizzare dei contenuti adeguati, mixate i vostri contenuti per gestire il piano di marketing. Potete utilizzare due regole: la regola 80/20 o la regola dei terzi. Vediamole in dettaglio. La regola degli 80-20 sta ad indicare che l'ottanta per cento dei post su Facebook verranno utilizzati per informare, educare e intrattenere gli utenti, il restante 20% verrà utilizzato per promuovere il tuo Brand. Facebook for Business si basa sulla costruzione di relazioni, auto promuovendo il proprio Brand. I tuoi utenti saranno interessati a quel 20% di post che verranno maggiormente visualizzati sulle vendite. La regola dei terzi è un po' diversa rispetto alla promozione dei post. Un terzo dei contenuti dovrebbe contenere e condividere delle idee e storie, in tal modo andrà a stimolare le interazioni da parte dei tuoi follower, l'altro terzo rimanente andrà a promuovere la tua attività di marketing. In entrambe le strategie l'obiettivo sarà sempre quello di apportare maggior valore al materiale da promuovere per mantenere alto l'intrattenimento per i tuoi follower. Esiste un algoritmo di Facebook che tende sempre a penalizzare tutti i Brand che spingono in modo aggressivo verso le vendite, intaccando sulle interazioni e sulle relazioni della comunità. L'algoritmo di Facebook vuole ottenere dei Feed che siano utili e che gli utenti amino, volti alla smania di condividere.

Altro punto importante per il tuo piano di marketing è riuscire a capire quanto e quando devi postare i tuoi post. Il metodo migliore è quello di provare e testare. È sempre importante pubblicare argomenti relativi e specifici alla tua attività. Crea il tuo calendario editoriale in modo da organizzare I diversi tipi di contenuti da postare nell'arco della settimana.

Per un profilo aziendale è importante creare una pagina aziendale. Una volta stabiliti i tuoi obiettivi e la tua strategia devi creare una pagina Facebook. Attraverso questa pagina pubblicherà i tuoi contenuti interagendo con i tuoi utenti. All'inizio non è importante avere molti follower la cosa importante è non cadere nel tranello dell'acquisto dei like. Gli utenti che ti potresti accaparrare attraverso il loro acquisto potrebbero non corrispondere al tuo target, questo non porterà giovamento alla tua attività anzi renderà ancora più difficile il raggiungimento del tuo obiettivo di marketing. Come prima cosa devi scegliere un nome della pagina che sia adatto e che rispecchi il tuo marchio. Crea un URL personalizzato per la tua pagina, inserisci le informazioni e la storia della tua attività in tal modo gli utenti sapranno come contattarmi e avranno un'ottima visione di insieme della tua azienda, i tuoi obiettivi e i tuoi valori. L'immagine di copertina e di profilo rappresenta il tuo biglietto da visita. Assicurati che entrambe le foto rappresentino a pieno il tuo

Brand, incoraggiando i potenziali utenti futuri, instaurando in loro un motivo per cui seguirti.

Adesso hai creato la tua pagina aziendale ed è attiva e funzionante, hai incominciato a postare dei contenuti accattivanti con la presenza di post diversi l'uno dall'altro. Adesso è il momento di aumentare le visibilità per ottenere maggiori Followers. Cosa bisogna fare? facilità il metodo di ricerca della tua pagina aziendale e dei suoi contenuti, in tal modo gli utenti potranno trovarti in modo semplice. Inserisci i link della tua azienda nelle mail, e in altri canali. Assicurati che i contenuti postati siano sempre condivisibili. La condivisione è il metodo migliore per espandere la tua azienda. Molto importante è la realizzazione di un **"customer care"**. Molti utenti vorranno interagire con la tua azienda per chiarimenti e domande su alcuni prodotti o servizi. I silenzi sono la tomba delle attività, le domande che arriveranno da parte degli utenti dovranno essere esaustive ed elaborate in breve tempo, bisogna sempre rispondere.

Al altro elemento di rilevante importanza potrebbe essere la creazione di un gruppo Facebook. Crea un gruppo di persone, le quali si riuniscono e condividono informazioni o idee affine alla tua attività, condividendo le proprie esperienze. Chiedi ai tuo Followers cosa bisognerebbe migliorare. Chiedi loro la propria opinione. In tal modo potrai raccogliere maggiori informazioni sui tuoi clienti e cosa vogliono veramente. Gli annunci che vengono postati su Facebook sono annunci a pagamento. L'apparizione del tuo Brand verrà condivisa e visualizzata da milioni di utenti, vedranno costantemente il tuo Brand. Inoltre Facebook offre delle opzioni pubblicitarie per raggiungere gli obiettivi sia fuori che dentro la rete attraverso l'installazione di App.

Una volta fissati gli obiettivi e il tuo piano di marketing è il momento di continuare a monitorare e misurare I risultati ottenuti. Valuta cosa ha funzionato e cosa deve essere migliorato, come puoi migliorare la tua strategia in futuro. Misura il livello di coinvolgimento dei tuoi utenti attraverso l'utilizzo di **"Facebook Insight"**. Questo strumento ti permetterà di misurare il livello di coinvolgimento dei tuoi post, nei confronti dei tuoi Followers. Facebook Insight ti aiuterà a capire quali post hanno funzionato meglio nella tua pagina in modo da poter sapere quale mix utilizzare. Il segreto sta nel conoscere a pieno i propri utenti coccolandoli con servizi o prodotti di loro piacimento.

FACEBOOK RETARGETING

Se il tuo piano di marketing Facebook è pronto, è arrivato il momento di creare le tue strategie. Di seguito troverete le migliori pratiche di marketing su Facebook per aumentare le tue visualizzazioni ed ottenere un maggior successo per le tue campagne pubblicitarie. Testa le tue strategie per migliorare la tua performance su Facebook.

Sembra una banalità ma scegliere la posizione dei propri annunci è una vera e propria strategia. Alcuni inserzionisti su Facebook preferiscono inserire i propri annunci sul lato destro della pagina. Facebook dà la possibilità di inserire gli annunci in diverse posizioni sulla pagina, questo ci porta a comprendere che più annunci inseriamo i luoghi diversi, maggiori saranno i risultati. Non so se avete fatto caso, su Facebook troverete la sezione che riguarda le news. Le notizie attirano molto di più, sono più coinvolgenti rispetto agli annunci inseriti nella colonna di destra. Inserire l'annuncio pubblicitario nella sezione delle notizie a mio parere è una mossa strategica migliore rispetto agli annunci che vengono inseriti nella colonna destra. Gli annunci nella parte centrale appaiono più grandi e catturano maggiormente l'attenzione dell'utente.

A tal proposito esistono diversi formati per le inserzioni. Gli annunci con le foto vengono maggiormente progettati per comparire nella sezione notizie, le immagini catturano l'attenzione della gente, quindi sono molto adatte per inserire messaggi brevi e concisi. Le storie sponsorizzate sono create per coinvolgere l'utente in quanto esse provengono da amici. L'obiettivo sarebbe quello di incitare gli utenti stessi a promuovere ai loro amici la notizia, inducendo i possibili follower ad una azione d'acquisto oppure ottenendo un semplice like. Oltre alla pagina di Facebook web, potete inserire le vostre campagna pubblicitarie per i cellulari attraverso l'installazione di apposite App. Le offerte hanno un ruolo importante, contribuisco a rendere il contenuto virale. Quando gli utenti noteranno e richiederanno le promozioni, verranno condivise sul proprio profilo. Questo fenomeno scaturirà in un effetto a catena, si genera un passa parola globale.

Cos'è il targeting? Il targeting non è altro che la selezione degli utenti mirati, utenti che sono interessati alla tua attività commerciale. Bisogna conoscere gli strumenti di targeting adeguati per far crescere il tuo business. Selezionare la clientela giusta per la tua attività e di rilevante importanza. Il targeting personalizzato funziona in modo egregio verso i potenziali clienti o il remarketing. Sarà possibile utilizzare le informazioni che otterrai sul di loro, come il loro indirizzo email o il numero di telefono. Bisogna ottimizzare il budget, questo sarà possibile attraverso alcune offerte che Facebook mette a disposizione: il costo per mille impressioni e il costo per click. Queste funzionalità sono ottime per le campagne di marketing. Facebook raccomanda di utilizzare l'offerta costo per mille impressioni, se il tuo obiettivo è quello di convincere gli utenti selezionati a compiere una determinata azione è il metodo migliore da utilizzare per ottimizzare il tuo budget. I social oltre a svolgere la funzione di ricerca di persone o cose che magari non riusciamo a trovare nella vita reale guida gli utenti, verso la scoperta di nuovi prodotti. Hai deciso di pubblicizzare la tua campagna su Facebook. Come prima cosa bisogna fare un test a basso costo. Una volta testata la campagna pubblicitaria sarai pronto ad attuare una vera e propria campagna di marketing su Facebook. Testa sempre le tue strategie, solo in questo modo riuscirai a capire se funzionano o meno.

Il retargeting o remarketing è una tecnica di Facebook marketing. Viene utilizzata per aumentare le Call To Action attraverso l'utilizzo di inserzioni pubblicitarie personalizzate. Il call-to-action indica il numero di visite degli utenti presso il proprio sito web o la pagina Facebook. Viene considerata un'ottima strategia soprattutto per le piccole e medie aziende Se usato in modo corretto, questa strategia diventa molto efficiente se al suo fianco viene utilizzato uno strumento che Facebook ci permette di utilizzare: il pixel di Facebook. È uno strumento gratuito messo a disposizione da Facebook per monitorare l'andamento delle tue campagne pubblicitarie ed ottimizzare i tuoi risultati. Questo strumento andrà ad immagazzinare e ad elaborare i dati di traffico e le azioni che vengono compiute dagli utenti sul vostro sito. È in grado di individuare quali utenti hanno una maggiore possibilità di poter compiere determinate azioni nel vostro interesse. Per utilizzarlo basta installarlo sul proprio PC, impostate i vostri eventi e verificate che il codice sia attivo sul vostro sito. Dove possiamo trovare questo pixel di Facebook? Basta andare nel menu del business manager di Facebook o nella gestione delle inserzioni, cliccate sulla voce pixel e partirà l'installazione. Una volta installato aprite il programma e inserite il codice di pixel di Facebook nel vostro sito. Adesso scegliete l'opzione più adeguata in base al vostro sito. Facebook vi permette di scegliere diverse modalità, ben tre: modifica il codice sorgente, invia i dati al soggetto che si occupa del vostro sito, inserisci un plug-in di gestione dei tag. È una procedura abbastanza impegnativa e per alcuni può essere anche complessa, quindi vi consiglio di affidarvi a qualcuno di competenza. Questo strumento permette alle aziende di creare un target di possibili clienti monitorando le campagne ed inseguendo coloro che mostrano interesse verso il retargeting.

FACEBOOK CONTEST

Un'altra strategia per fare Facebook marketing è quella di pubblicizzare la vostra pagina o il vostro profilo in modo gratuito creando degli eventi, dei gruppi o dei veri e propri contest. Creando un evento potrete sponsorizzare il vostro marchio e coinvolgere una miriade di utenti spiegandogli come partecipare all'evento o al contest. Per prima cosa applicate un link dell'evento sulla propria bacheca, sui gruppi e sulle pagine della nostra azienda. In tal modo gli utenti potranno partecipare agli eventi. Il contest non è altro che è un vero e proprio concorso a premi al quale gli utenti potranno partecipare attraverso l'invio di foto, di dati o votazioni. Sarete voi a decide il tema del Contest oppure se volete rendere i vostri utenti protagonisti, fate scegliere loro il tema che più li aggrada. Per realizzare un contest basta seguire alcune semplici regole: crea un regolamento di concorso, segui la Policy di Facebook web e registrati al Ministero dello Sviluppo Economico Italiano. Per gestire il vostro contest potrete farlo attraverso delle apposite App esterne. Se ad esempio volete creare un contest di foto avete bisogno di un'applicazione veloce e semplice da poter installare. Tale App vi permetterà di ottenere nuovi contatti email creando una linea di condivisione con altri possibili iscritti. Limitate i costi in modo da non dover intaccare ancora il vostro budget per la creazione della campagna.

FACEBOOK BUSINESS MANAGER

Andiamo ad analizzare un altro strumento che può semplificare il vostro lavoro di social media marketing su Facebook, si tratta di **"Facebook business Manager"**. Questo strumento Vi permetterà di riunire in un unico luogo tutti gli strumenti utili per la gestione della vostra pagina, la vostra pubblicità, per ottenere un'ottima strategia di marketing. Vediamo quali funzionalità possiamo utilizzare: aggiungere più pagine ad un account, collegare le applicazioni alle vostre pagine, modificare i metodi di pagamento, impostare i progetti per facilitare l'assegnazione di pagine ai relativi account, aggiungere accessi condivisi e controllare gli accessi alle pagine. Questo strumento ti aiuterà a gestire in modo professionale tutte le tue applicazioni con le pagine e i tuoi account. Per migliorare le tue campagne di Facebook potrai utilizzare il **"Power editor"**. È uno strumento creato apposta per tutti coloro che vogliono inserire degli annunci pubblicitari. Se siete delle persone inesperte e volete aggiungere piccole inserzioni sulla vostra pagina Facebook aziendale potete utilizzare lo strumento di self-service disponibile direttamente sulla pagina Facebook. Se però volete cimentarvi nel utilizzo di Power editor vi informo che si tratta di uno strumento abbastanza complicato, di grande potenziale. Utilizzare questo strumento permetterà di: gestire e creare diversi annunci per ogni dispositivo, personalizzare il vostro target, modificare le inserzioni, utilizzare Facebook remarketing, personalizzare pubblicità e offerte con la possibilità di modificare le campagne off-line. Di sicuro è un grande strumento però se siete alle prime armi vi consiglio di utilizzare lo strumento self-service che Facebook dispone per l'inserimento degli annunci sulla vostra pagina Facebook.

FACEBOOK ADS

Cos'è Facebook ADS. Facebook ADS è una piattaforma presente su Facebook la quale viene utilizzata per la pubblicazione di annunci. Facebook al suo interno contiene milioni di dati provenienti da diversi utenti. Questi dati vengono inseriti in modo spontaneo dagli utenti stessi inserendoli all'interno del proprio profilo. In tal modo Facebook conosce chi sono i propri utenti e conosce i loro interessi. Con un semplice **"like"** in una determinata pagina, Facebook capirà che gli piace seguire determinati argomenti ad esempio il make-up. In questo modo Facebook farà apparire sulla vostra pagina pubblicità inerenti ai vostri gusti, annunci pubblicitari mirati. I social media oltre ad essere una piattaforma di scambio informazioni e ricerca di utenti sono diventati un canale pubblicitario efficace, capace di far ottenere alle aziende nuove contatti trasformandoli in clienti. Se vi state chiedendo se vale la pena fare pubblicità su Facebook a questa domanda posso soltanto rispondervi dipende dalla situazione. Per rispondere a questa domanda dovete chiedere a voi stessi quali sono i vostri obiettivi. Una volta capito il meccanismo della pubblicità di Facebook la risposta si fa da sé. Se avete intenzione di accalappiare un pubblico che potrebbe essere interessato al vostro prodotto o i vostri servizi, Facebook ADS fa al caso vostro. Questo strumento vi permetterà di sottoporre i vostri annunci a un target di clienti selezionati. Non so se avete mai notato un fenomeno strano.

Siete alla ricerca di un determinato prodotto e dopo aver visitato il sito contenente tale prodotto, anche su Facebook vi ritrovate gli annunci sponsorizzati relativi a quel prodotto, questo fenomeno viene chiamato **"remarketing"**. In tal modo sarete in grado di creare degli elenchi di utenti personalizzati in base alle azioni che hanno compiuto. Se l'utente continua a visitare in particolar modo una determinata pagina che sia un articolo o un prodotto, questo verrà sfruttato da Facebook Ads, in tal modo l'utente si ritroverà nella propria pagina spesso e volentieri annunci mirati ai suoi interessi. Nel creare la vostra campagna di Facebook ADS dovete avere una strategia ben precisa. Innanzitutto dovete capire dove si trova il vostro cliente all'interno del **"funnel di vendita"** sottoponendogli degli annunci diversi. Il **funnel di vendita** non è altro che un modello di marketing utilizzato per descrivere e analizzare i percorsi dei consumatori verso l'acquisto. Rappresenta una serie di step diversi ma continui, a partire dal primo contatto che ha avuto l'utente con l'azienda fino alla conoscenza del prodotto o del servizio offerto, per arrivare poi alla conversione, da cliente ipotetico a cliente certo. Passiamo ai costi. **Quanto costa Facebook Ads?** Anche in questo caso dipende. Il prezzo varia a seconda di ciò che state pubblicizzando, tenendo conto del vostro target, quanti competitor ci sono e quali sono i vostri obiettivi. Prima di realizzare una campagna Facebook è importante comprendere come vengono stabiliti i costi. Facebook non ha un listino prezzo fisso, segue un sistema di aste tra gli **"advertiser"** per ottenere la pubblicazione dell'annuncio. Ciò avviene perché Facebook permette agli utenti di vedere soltanto un numero limitato di ADS al giorno. Possiamo però evidenziare quali fattori rendono l'annuncio visibile, a chi verrà mostrato e a quale costo. **Primo fattore**: a chi state sottoponendo il vostro targeting. L'uso del targeting ha molteplici possibilità in base al target che avete scelto. Facebook assegna ad ogni annuncio un punteggio che va da 1 a 10 in base al target che viene associato. Più sarà alta l'interazione e il numero dei Click, più alto sarà il vostro punteggio, di conseguenza avrete una maggiore probabilità che il vostro annuncio verrà visualizzato a costi minori. Se avete scelto un settore competitivo, i costi saranno alti. Durante l'anno ci saranno dei periodi per esempio le festività, in cui i costi potrebbero aumentare notevolmente. Facebook ADS utilizza il metodo delle aste, la strategia migliore da utilizzare è quella del **"beading"** ovvero offerta. Scegliete la migliore in base ai vostri obiettivi di campagna. Facebook ti permette di selezionare diversi tipi di pagamento. **"Per Impression"**: il pagamento verrà calcolato tenendo conto di ogni visualizzazione al vostro annuncio. Questo metodo sarà utile quando raggiungerete un numero maggiore di persone. **"Per Click"**: il pagamento avverrà soltanto se qualcuno cliccherà sul vostro annuncio. Utilizzate questa opzione se volete accalappiare nuovi utenti istigandoli a cliccare sul vostro link, questo li porterà sul vostro sito o sulla vostra Landing page. **"Per Action"**: il pagamento avverrà solo quando l'utente comprerà una determinata azione ad esempio compilare un form oppure acquistare un prodotto o visitando la vostra pagina aziendale. Da questo potete dedurre voi stessi che rispondere alla domanda quanto costa utilizzare questo servizio non è abbastanza semplice, tutto dipende dalla vostra campagna e dal metodo di pagamento che decidete di utilizzare. Per mantenere dei costi limitati tenete sempre a mente il vostro budget e cercate di gestirlo il miglior modo possibile, raggiungete i clienti potenziali tenendoli d'occhio in particolar modo tenete d'occhio i loro i parametri, utilizzate sempre Facebook Insight, è uno strumento molto affidabile e potrà darvi maggiori notizie sui futuri utenti per la conversione a utenti certi. Oltre a Facebook ADS esiste un altro strumento simile, **"Google AdWords"**. Qual è meglio tra i due: Facebook ADS o Google AdWords. Anche in questo caso dipende. Dovete capire quali sono gli obiettivi che volete raggiungere con la creazione della vostra campagna pubblicitaria. In alcuni casi potrebbe essere utile utilizzare entrambe le strategie per la vostra campagna. Se il vostro obiettivo e fare branding e dunque influenzare gli utenti portandoli a conoscenza del vostro Brand, allora la scelta migliore è Facebook Ads. Di pari passo potete anche utilizzare gli annunci sulla rete di

Google per raggiungere ulteriori clienti sottoponendoli ai vostri banner specifici. Invece se l'utente cerca un vostro prodotto o un vostro servizio, quindi conosce già il vostro Brand, il mezzo che dovresti usare è quello di Google AdWords creando degli annunci sulla rete di ricerca. In tal modo l'utente troverà quello che già conosce, sarà più propenso all'acquisto dato che già conosce il vostro prodotto o servizio. La cosa importante è: cercare di capire dove si trova il vostro utente all'interno del funnel di vendita e agire di conseguenza. Sarà molto utile utilizzare la strategia del remarketing su Facebook. Utilizzate una strategia parallela per gli utenti che mostrano già interesse sui prodotti e sui vostri servizi. Lavorate sia con Facebook ADS e con AdWords attraverso gli annunci. Potrebbe accadere che un utente già cliente su Facebook attraverso l'utilizzo di Facebook ADS in un secondo momento cerchi il nostro prodotto su Google. Di sicuro troveranno il vostro prodotto ma sui link della concorrenza. Rischiate di fare pubblicità ai vostri competitor a vostro discapito. Per questo motivo a mio parere è importante avere annunci sia su Google AdWords e sia su Facebook ADS in modo da avere il completo controllo sulla rete.

Adesso vediamo insieme come realizzare una campagna con Facebook Ads. Create la prima campagna su Facebook per pubblicizzare la vostra pagina aziendale. Cliccate su crea inserzione (create Ads) nel menù in alto a destra del vostro profilo. Adesso apparirà una schermata nella quale verrà chiesto di scegliere l'obiettivo della vostra campagna. Compilate i campi richiesti e passate alla creazione del primo gruppo di annunci (ad set).

Qual è la struttura di una campagna di Facebook Ads. Le campagne Su Facebook sono composte da tre livelli: il **primo livello** è la campagna costituito da 1 più gruppi di annunci i quali allora volta contengono più annunci. Quando andrete ad aggiungere il gruppo di annunci (ad set) dovrete scegliere il target, il budget, i tempi, l'offerta e il posizionamento dell'annuncio. Negli annunci potrete impostare il tipo di annuncio, Scegliete la forma che più vi aggrada, come immagine, video o altro. Troverete i testi, la Call To Action ed i link di destinazione. Esiste una vera e propria struttura gerarchica, se cancellate un gruppo di annunci accadrà la stessa cosa a tutti gli annunci al di sotto del gruppo, cancellerete tutto.

Una volta capita la gerarchia della campagna dobbiamo definire l'obiettivo. Chiedetevi qual è l'obiettivo che volete raggiungere. Volete vendere un prodotto oppure volete creare una reputazione del prodotto oppure volete vendere una cosa? per ottenere una strategia di marketing completa sarebbe meglio utilizzare diverse campagne fra di loro. Potreste creare annunci diversi tra di loro in base al target di utenti. Tra coloro che non conoscono il vostro brand e tra quelli che lo conoscono. Utilizzate una campagna per far conoscere il vostro Brand è un'altra campagna per gli utenti che già conoscono il vostro brand. Durante la creazione della campagna stessa sarà Facebook a proporvi diversi obiettivi in diverse categorie. **Brand awareness**: Utilizzate questo obiettivo quando non richiedete particolari azioni da parte dell'utente. Quest'obiettivo farà gola alle grandi aziende che non possono permettersi di lanciare campagne di branding. Per le piccole aziende qualsiasi obiettivo darà risultati positivi. **Reach**: Questo obiettivo a differenza dell'altro è finalizzato al raggiungimento di un numero massimo di utenti, ai quali mostrare l'annuncio. Con l'aggiunta delle nuove regole, Facebook, oggi permette di inserire una frequenza con cui l'annuncio verrà mostrato allo stesso utente, tale obiettivo diventa molto utile quando si ha un audience ridotto, lo scopo sarà massimizzare le visualizzazioni degli annunci da parte degli utenti pigri. **Traffic**: Se il vostro obiettivo è quello di catturare l'utente e costringerlo a visualizzare il vostro sito web o la vostra Landing page, potete utilizzare questo obiettivo. Se volete promuovere un contenuto come ad esempio un post sulla vostra pagina ho un'immagine di particolare rilevanza l'obiettivo Traffic fa al caso vostro. **Engagement**: se nella vostra pagina è già presente un post che lavora egregiamente già da sé, intrattenendo i vostri utenti in modo adeguato, ma volete mostrarlo ad un numero maggiore di utenti nella vostra pagina allora questo obiettivo sarà adeguato alla vostra campagna. Ma non solo, potrete utilizzarlo se volete aumentare i vostri like, promuovere gli eventi creati su Facebook promuovendo una determinata offerta. **App installs**: Se avete costruito una nuova App e volete lanciarla sul mondo on-line, volete ottenere il maggior numero possibile di download? per aumentare il numero dei download dell'App Store questa è l'obiettivo che dovete utilizzare.

Video wies: la vostra pagina contiene una serie di contenuti video che giorno dopo giorno diventano sempre più popolari, la gente li apprezza. Se avete un video appena creato e volete mostrarlo agli utenti questo è l'obiettivo che dovevo utilizzare. I costi per la visualizzazione saranno molto ridotti inizialmente.

Lead generation: Questo è un obiettivo che viene utilizzato per creare dei form in modo da raccogliere le informazioni degli utenti attraverso le newsletter ad esempio: quando qualcuno clicca sul vostro annuncio apparirà in automatico una casella con un form dove inserire tutte le informazioni personali. Sarà un processo abbastanza veloce e a portata di tutti. Se il vostro obiettivo è quello di ottenere nuovi contatti questo è l'obiettivo che dovete usare. Questo tipo di obiettivo però ha un piccolo problema. Spesso l'indirizzo email che viene utilizzato per l'iscrizione su Facebook è obsoleto e non viene mai aggiornato. In tal caso otterrete un contatto inutile, è meglio attuare una campagna che punti alle Landing page esterne specifiche con dati da inserire.

Conversion: Se volete far compiere al vostro utente una determinata azione come l'iscrizione ad un determinato sito o il download di una guida con l'acquisto di un prodotto questo è l'obiettivo giusto.

Product catalog sales: State creando degli annunci che mostrano i vostri prodotti nel catalogo in modo automatico. Se volete gestire un e-commerce e volete mostrarlo ad un utente che lo ha già visualizzato, potete usare questo obiettivo. Stiamo parlando del remarketing.

Store visits: la vostra azienda è presente in diverse location e volete mostrarla alle persone che si trovano in quella zona o nelle vicinanze. Potete usare questo obiettivo per creare delle Campagne dinamiche in modo locale per ogni vostro negozio.

CREA IL TUO TARGET DI UTENTI

Adesso avete capito come scegliere l'obiettivo della vostra campagna e come crearla. Il punto focale adesso è, qual è il tipo di pubblico a cui vogliamo mostrare i nostri annunci e le nostre campagne pubblicitarie. Dovete definire il vostro target di utenti. Qual è il miglior target da utilizzare in una campagna? il target è un elemento fondamentale nelle campagne di Facebook e ci sono una miriade di possibili combinazioni. Potete scegliere il vostro target in base ai parametri demografici degli utenti e alle loro località di residenza, ma la cosa più importante per selezionare il vostro target è tener conto dei loro interessi e i collegamenti che hanno con la vostra pagina, monitorate I like lasciati dai vostri utenti e gli utenti che hanno risposto ai determinati eventi o che hanno utilizzato le vostre App. Iniziate creando un target personalizzato per il vostro sito. Come si crea un target personalizzato. Andate nel menu e selezionate audience. Adesso potrete scegliere tra pubblici Custom(personalizzati) e pubblici Lookalike(simili). Andiamo a vedere come si sviluppa la creazione di un pubblico personalizzato. In questa fase potete scegliere chi includere e chi no, se includere gli utenti che hanno visitato una pagina specifica o eventualmente escludere altri che invece non hanno visitato la vostra pagina. Si tratta di un pubblico ridotto in base al sito. Potete creare un pubblico di utenti che hanno visitato un determinato prodotto oppure un gruppo di utenti che ha abbandonato il carrello.

Visualizzate a quale livello del funnel è arrivato il vostro utente. Promuovete un contenuto per creare un Lead Generation, proponetelo agli utenti che hanno letto un contenuto simile. I visitatori anche se occasionali sono molto importanti per la creazione del vostro target. Puntate sulla creazione di una pagina determinata per i visitatori. Questo potrebbe creare buoni risultati ma allo stesso tempo potrebbe produrre un pubblico ridotto solo per piccole e medie imprese. A questo punto allargate un po' il vostro target, non soffermatevi soltanto su chi ha visionato un determinato prodotto o una determinata categoria sul vostro sito. Create degli URL personalizzati includendo le categorie del sito, ad esempio:www.facebook.it/marketing/.

Vediamo come si crea un pubblico personalizzato. Nel URL che avete creato bisogna inserire il nome della categoria, sfruttate qualche Key Words. Di conseguenza scegliete i giorni che sono trascorsi dall'ultima visita sul vostro sito, questa data di durata dovrà essere scelta in base al traffico di utenti sul vostro sito. Per quanto riguarda il budget, più lungo sarà il budget più alta sarà la durata. Create un pubblico personalizzato con durate diverse, in tal modo vi farete un'idea chiara del vostro audience. La creazione del pubblico personalizzato puoi iniziare partendo da una semplice lista di indirizzi email recuperati dall'acquisto da parte degli utenti. Create un pubblico personalizzato formato da utenti vicini all'acquisto del prodotto. Non dimenticate i fan della pagina. Coloro che vi seguono. Ad esempio se la vostra pagina è seguita da

200.000 persone le quali hanno un interesse verso di voi e verso il vostro prodotto, di cui tremila di queste mettono like alla vostra pagina. Possiamo dedurre che questi utenti saranno più propensi a interagire in vari modi: leggeranno i vostri post, saranno interessati alle vostre offerte e se tutto va bene potranno acquistare anche un vostro prodotto. Però se vi soffermate la creazione di un semplice pubblico formato da fan non otterrete i risultati sperati utilizzando solo questo tipo di pubblico personalizzato. Anche gli amici dei fan hanno ruolo importante. Coloro che sono già utenti, come abbiamo già detto in precedenza sono più propense a compiere determinate azioni a mettere like sulla pagina o a cliccare su un link, commentare dei post e perché no acquistare un prodotto se anche un amico lo ha già fatto. Create un target per gli amici dei vostri fan sulla vostra pagina. Non soffermatevi soltanto a questa tipologia di Target, sfruttatelo al meglio solo per far compiere ai utenti azioni significative come le vendite.

Passiamo invece al pubblico Lookalike. Se sul vostro sito non c'è una grande affluenza di utenti, avete pochi contatti mail, iniziate a sperimentare nuovi target, con il pubblico simile(Lookalike). Questo target di pubblico vi permetterà di espandere quel target di utenti ridotti. Al suo interno troverete nuovi utenti simili ai vostri, sia iscritti o Fan, in base agli interessi o comportamenti. Quando create un target di clienti simili otterrete un ampio pubblico. Potrebbe funzionare come non potrebbe funzionare, vi consiglio di incrociare questi due tipi di Target con degli interessi specifici.

GLI #HASHTAG SU FACEBOOK

Sugli hashtag c'è sempre stato un dibattito, sono realmente utili o in realtà non servono a nulla? possono davvero far aumentare le visualizzazioni dei post o è meglio postare senza alcun hashtag? gli hashtag sono entrati in vigore nel 2013, la stessa cosa vale per Instagram, Pinterest e Tumblr. Attraverso gli hashtag vengono raccolti una serie di post e profili che possono essere utilizzati. Gran parte dei social hanno introdotto l'utilizzo degli hashtag per stimolare le conversazioni per un determinato argomento. Gli hashtag che vengono utilizzati anche nelle campagne e per coordinare le iniziative, li troviamo sostanzialmente ovunque. L'unica differenza tra Facebook e gli altri social in particolar modo su Twitter e Pinterest, gli hashtag vengono visti come degli spazi pubblici, Facebook invece viene soprannominato il regno delle storie personali per questo motivo esistono molte opzioni sulla privacy. I post che vengono visualizzati nel gran parte dei casi contengono un determinato hashtag, dunque sono tutti post pubblici e condivisibili. Ma la domanda che ci poniamo noi oggi è... son funzionali realmente questi hashtag? possono migliorare i nostri post e le nostre campagne? come ogni cosa per riuscire a capire se effettivamente gli hashtag rendono migliori i tuoi post e le tue campagne il test deve essere d'obbligo. Devi capire se piace l'inserimento degli #hashtag o meno.

Gran parte delle volte capita di vedere degli hashtag messi a caso, la confusione non migliora il valore del post soprattutto su Facebook. secondo alcune ricerche si è scoperto che i post contenenti meno hashtag hanno ricevuto maggiori like. Quello che emerge da queste ricerche stabilisce che i fattori principali che determinano la visibilità di un post e sicuramente: la sua lunghezza, le condivisioni e le interazioni. All'ultimo posto troviamo il numero degli hashtag. Quindi dovremmo usare gli hashtag su Facebook oppure no? È tutto soggettivo, i tuoi test ti faranno capire se realmente gli hashtag danno un valore aggiunto ai tuoi post, provali sul tuo Brand con i tuoi contenuti, ma soprattutto guarda la reazione del tuo pubblico. Gli #rimangono sempre e comunque un sempre verde in particolar modo per le campagne di marketing, per gli eventi, dove se ne fa molto uso. Possono essere utilizzati per rendere il tuo profilo riconoscibile. Il consiglio che ti posso dare è di inserire uno o due al massimo hashtag per post, troppi #hashtag potrebbero generare confusione. Scegli sempre la parola chiave del tuo post e inseriscila come hashtag, non mettere hashtag a caso non conformi al contenuto del tuo testo. Sostanzialmente, riguardando le varie ricerche sviluppate nei precedenti anni e nell'anno in corso, in realtà gli hashtag non danno qualcosa in più ai vostri post, anzi In alcuni casi potrebbero anche togliere, e abusarne potrebbe essere controproducente.

COME AUMENTARE I COMMENTI SU FACEBOOK

Volete che le persone interagiscono con la vostra pagina Facebook commentando notevolmente. Ci sono diversi modi per far sì che ciò aumenti in modo esponenziale. È molto difficile convincere le persone a interagire sulla tua pagina Facebook, soprattutto adesso che Facebook ha introdotto un nuovo algoritmo. Tuttavia il meccanismo è sempre lo stesso, più persone interagiranno con la tua pagina, più persone vedranno gli aggiornamenti sulla tua pagina aziendale. Mantenere una discussione attiva all'interno della tua pagina non farà altro che attivare le persone e incitarle alla discussione. Come potete attrarre maggiori utenti incitandoli a scrivere dei commenti sui vostri Post o sugli annunci? di seguito elenco o una serie di metodi che potrete provare e testare.

Fai domande aperte e chiuse: stimola le persone a rispondere, che sia un blog o che sia una pagina Facebook, le domande dovranno scaturire nel tuo utente un riflesso alla risposta istintiva. Costringendo gli utenti a fermarsi iniziando a formulare delle risposte. Non esiste una singola domanda che possa interessare a tutta la pagina di Facebook. Tieni presente a tal proposito alcune linee guida, sperimentandole per trovare la tua formula giusta. Cosa deve contenere una domanda di buona qualità? Per prima cosa deve essere aperta in modo da immettere una discussione, tempestiva ovvero deve essere una domanda attuale e di tendenza, per ultima cosa deve essere una domanda facile, l'utente non deve soffermarsi troppo nel pensare a come elaborare la risposta, altrimenti il risultato sarà ottenere una risposta impulsiva o emotiva. Le domande cattive devono contenere alcune di queste caratteristiche: deve essere caricata ovvero deve contenere una risposta al suo interno, politica nella quale verrai accusato di prendere posizione a un determinato partito o di non farne parte, per ultima cosa complicata o filosofica niente retoriche. Quest'ultima tipologia di domanda richiede troppo tempo all'utente per rispondere. Ovviamente elaborare domande all'interno della tua pagina Facebook ti aiuterà a capire meglio i gusti del tuo pubblico.

Altro elemento importante è la **struttura dei messaggi**: per rispondere a un commento Inserisci la risposta rapida. Se vuoi ottenere maggiori commenti chiedi alle persone di farlo e di renderlo possibile facilitandone l'azione, ma rendilo allo stesso tempo divertente. Se crei delle domande o dei post che chiedono esplicitamente di mettere un like o un commento Facebook penalizza questo tipo di commenti. Invece di elemosinare i commenti o I like agli utenti puoi promuovere alcune discussioni. Usa alcuni aggiornamenti come: le didascalie. Posta una foto divertente e chiedi ai tuoi utenti di creare le didascalie.

Riempi gli spazi vuoti. Inizia una frase divertente e invita i tuoi utenti a completarla.

Scelta multipla. Chiedi al tuo pubblico di scegliere qualcosa. Ad esempio non sai quale outfit indossare ad una festa di compleanno, posta le foto dei tuoi otite e chiedi ai tuoi utenti quale indossare, rendendoli partecipi. Vorresti postare qualche post ma ti rendi conto che il tuo post è già presente in altre pagine. Rendi i tuoi post diversi dagli altri. Se non sai cosa fare puoi utilizzare questa applicazione "**ubersuggest**" su Google. Ti mostrerà quali parole gli utenti digitano nella casella di ricerca, così prenderai spunto per la creazione di un post originale e di tendenza. Una volta aver individuato le parole chiavi ricercate dal pubblico utilizzale per creare degli argomenti coinvolgenti sulla tua pagina Facebook. Questo aumenterà le discussioni sul tuo post è l'algoritmo di Facebook darà la priorità ai tuoi commenti dandogli maggiore visualizzazione. Se ti trovi in una situazione di blocco totale e non sai proprio cosa puoi postare, spiare il nemico è sempre gradito, guarda la concorrenza. Cerca di monitorare costantemente i concorrenti che si avvicinano il più possibile al tuo stile, tienili d'occhio e vedi come i fan del concorrente reagiscono. Più commenti avrai maggiore sarà la probabilità che gli altri utenti iniziano a commentare. L'unione fa la forza.

COME GESTIRE I COMMENTI NEGATIVI

Dopo una sfilza di commenti positivi, appaganti e gioiosi, arriva il fatidico commento negativo. Il panico scende su di voi e non sapete come rispondere a quel commento in modo adeguato per non buttare ancora benzina sul fuoco. Non abbassate mai la guardia, questi commenti spesso si manifestano appena ottieni un po' di visibilità. Alcune volte i commenti negativi possono avere una propria giustificazione, a volte però no. Nella quotidiana i commenti negativi non influenzano assolutamente la tua vita, ma se sei un professionista o un Freelancer allora questo potrebbe essere un problema. Vediamo come rispondere a un commento negativo. Di solito le aziende tendono ad affidarsi a un consulente di web marketing creando un piano editoriale ed una strategia. Una buona strategia di marketing limiterà i rischi sapendo a cosa potresti andare incontro, affrontando le esigenze e le caratteristiche degli utenti. In questo caso bisogna studiare sempre la concorrenza e saper creare contenuti con una serie di risposte da poter utilizzare contro i commenti negativi. La miglior scuola di vita è sicuramente imparare dagli errori commessi. Qualcosa che potrebbe aiutarti è creare una Policy per ordinare i commenti. In tal modo informerai i tuoi utenti che ci sono delle regole che bisogna rispettare. Ad esempio nella Policy potrai introdurre la regola di non ammettere linguaggi violenti, non pubblicare commenti che invogliano alla violenza e non sono accettati ad esempio interventi offensivi o minacce. Se una di queste regole sarà violata la pena sarà il banno dal tuo profilo. Queste sono le basi per iniziare. Potrai utilizzare anche il filtro volgarità della pagina di Facebook indicando le parole che non accetti, impostando un blocco per evitare determinati commenti, in tal modo i commenti offensivi o che non rispettano il blocco impostato non verranno postati. Ti ho dato alcuni elementi che potrebbero giovarti e combattere la lotta contro i commenti negativi senza danneggiare la tua reputazione in modo dignitoso. La cosa importante è sempre valutare ogni commento, non andare nel panico e mantieni la calma. Gli errori che potresti commettere sul tuo profilo potrebbero essere di qualsiasi natura, da un errore di battitura o una critica sulle tue opinioni di qualsiasi genere, per questo bisogna analizzare ogni commento, il quale avrà una natura diversa dagli altri. Magari hai commesso un errore di battitura o di distrazione e ti è sfuggito qualcosa. In questo caso la cosa migliore è correggere l'errore, ringraziare, magari con una faccina sorridente. Un altro errore che avresti potuto commettere potrebbe essere legato all'errore di sostanza, su quello che hai postato. Anche in questo caso la prima cosa che puoi fare è correggere spostando l'attenzione su qualche argomento diverso. Purtroppo ognuno di noi, per fortuna anzi direi, a delle opinioni diverse. La critica in questo campo è forse una delle più difficili da affrontare. In questo caso gli utenti non vanno a criticare quello che hai postato ma andranno a criticare una tua opinione o un tuo modo di pensare.

Cerca di moderare la discussione senza fare confronti, rimanendo sempre nei limiti in modo educato. Altra critica difficile da affrontare è la **critica ideologica**. Se ti occupi di un'azienda che produce beni alimentari, potresti avere critiche da parte degli animalisti i quali non condividono l'uccisione degli animali per la creazione degli hamburger o della carne del pollo. In questo cosa osserva la concorrenza come si comporta nella risposta di tale critiche e come reagisce la gente alle risposte che danno. Poi ci sono le **fail news** o **Epic Fail**. La situazione anche in questo caso è molto delicata in quanto potrebbe colpire la sensibilità del tuo utente. A tal proposito non risponde in modo alterato, non ti abbassare allo stesso livello di chi ti sta attaccando, e non rispondere con un semplice copia-incolla, chiedi scusa senza cancellare i commenti. La situazione deve essere risolta in modo onesto e chiaro. In tal modo farai capire che nella tua pagina è importante il rispetto nei confronti del pubblico. Un consiglio che posso darti è quello di creare una sorta di agenda dove inserire tutte le esperienze e le critiche che si sono verificate nel sul tuo profilo, in modo da tener traccia delle situazioni. In tal modo saprai come reagire nel caso in cui la situazione si potesse verificare di nuovo. Se sai che un commento animalista potrebbe turbare l'anima dei tuoi Followers non pubblicarla più. Molti commenti negativi derivano proprio dalla dimenticanza. L'importante è rileggere sempre il testo che hai postato è guardare le immagini pensando se quel tipo di post potrebbe urtare la sensibilità di chi lo legge o chi lo vede.

VISUAL STORYSELLING

Se vuoi aumentare le visualizzazioni del tuo profilo Facebook uno strumento gratuito che può utilizzare sono le Stories. Come funzionano? se conosci il programma Snapchat la funzione è praticamente la stessa. La creazione dei contenuti ha una durata limitata solo di 24 ore. *Cogli l'attimo fuggente!*

Devi riuscire ad attaccare allo schermo i tuoi follower, devi costringere i tuoi follower a seguire ciò che fai. La forza per catturare maggiori visualizzazioni sta proprio nel "**Visual storytelling**". Facebook Stories ti permette ti comunicare ciò che caratterizza il tuo Brand o il messaggio che vuoi trasmettere. Vediamo come funziona Facebook Stories. Al suo interno troviamo una serie di funzioni che permette agli utenti di poter condividere le foto e i video all'interno di una sorta di contenitore, molto simile a quello di Instagram, il quale scomparirà dopo 24 ore. Al centro del tuo avatar troverai dei cerchi i cosiddetti Feed, basterà cliccare sul cerchio per scoprire quale contenuto è stato condiviso dalle persone. A destra troverete la funzione Direct per poter inviare i contenuti in modo privato ai profili, mentre a sinistra troverete l'icona della macchina fotografica. Cliccando sulla macchina fotografica potrai scattare o registrare dei video. Inoltre potrai scegliere se utilizzare la fotocamera anteriore o posteriore e decidere cosa fare del contenuto appena postato. Potrai condividerlo attraverso un messaggio privato oppure come una semplice foto o come elemento della storia. Le Stories utilizzate nei social network sono un grande strumento e funzionano davvero. Perché funzionano? Le storie rappresentano un vero e proprio intrattenimento molto diverso da quello che viene utilizzato nelle News Feed. L'utente si troverà dinnanzi una l'immagine o un video che sarà preparato con degli appositi programmi per editing diventando un vero e proprio capolavoro. Nelle Stories oltre ad inserire le foto e i video ci sono gli stickers insieme al testo scritto a mano. Tutto ciò segue un percorso di narrazione che va da sinistra a destra attraverso uno strumento che racchiude la storia. La durata delle storie è di 24 ore dunque se vuoi seguire un tuo contatto o determinate storie su Facebook non bisogna perdere tempo, tiene aggiornato il tuo Story Selling di Facebook. Crea delle storie avvincenti e diverse dalle altre. Per aumentare le tue visualizzazioni hai bisogno di creare delle Stories interessanti. Per tal motivo Facebook Stories è sicuramente uno strumento di marketing. Utilizzalo per scambiare foto attraverso le esperienze con amici senza alcun fine di marketing. L'inizio è molto importante devi far conoscere agli altri il tuo Brand, una volta inculcato nella mente dei follower potrai procedere utilizzandolo come strumento di marketing per Facebook Stories. Le persone amano raccontare le proprie storie devi riuscire a riassumere attraverso le storie le tue idee e il significato del tuo brand per poter raggiungere il pubblico. Così facendo andrai ad azionare un altro strumento importante **l'inbound marketing** ovvero lo **Storyselling**. Una volta raggiunto questo traguardo come dovrai procedere per la realizzazione delle tue Stories? innanzitutto mostra il backstage del tuo ufficio o del luogo in cui lavori per intrattenere il tuo pubblico e catapultato nel tuo mondo, inserisci interventi, protagonisti, il dietro le quinte, insomma momenti divertenti. Mostra le tue competenze e cosa ti ha portato alla realizzazione del tuo Brand, fai capire alla gente come sei arrivato alla realizzazione del tuo progetto. Dopo aver realizzato una storia come finale lascia sempre un indizio su cosa andrai ad affrontare sulla prossima storia, tienili sulle spine, condividendo sempre contenuti utili e mai banali. Accompagna l'utente verso il tuo mondo, racconta quello che fai attraverso gli strumenti che ti permettono di comunicare in modo immediato, attraverso le immagini e i video. Lo Storyselling potrebbe funzionare come strategia di marketing per completare la tua attività. Se però continui a replicare o a postare contenuti già presenti su Instagram p su altri social ripetuti, non diversi l'uno dall'altro, potrebbe essere soltanto una perdita di tempo. La storia è questa, dedica del tempo su quello che fai su Facebook Stories non usarlo solo come uno strumento dove riporre le tue immagine o i tuoi video che è già pubblicato nelle altre piattaforme, devi usare una strategia. Non postare video o immagini che hai già inserito in altri social, cerca di renderlo sempre unico e non gemello agli altri social. Attraverso le Stories aprirai il tuo mondo ai follower, non mostrare soltanto il lato economico ma mostra anche chi sei tu e chi è la tua persona. La sincerità e la naturalezza sono le armi vincenti per una storia su Facebook vincente.

PERCHE' USARE FACEBOOK
COME STRATEGIA DO MARKETING

Perché è importante utilizzare Facebook come strumento di marketing per la vostra strategia? molte persone o aziende utilizzano Facebook come strategia di marketing per diversi motivi. Prima di tutto per migliorare la visibilità della propria azienda, aumentare il numero dei clienti e dei potenziali contatti, intrattenere il cliente attraverso delle attività di social caring, realizzare e attivare delle Campagne per migliorare il proprio Brand. Utilizzare Facebook come strategia di marketing aiuterà a mio parere le aziende a raggiungere il proprio obiettivo aziendale. Come ho già ribadito nelle precedenti pagine creare una strategia attraverso i social media è importante. Quello che aumenta la produttività e l'attività di un'azienda è sicuramente il cliente e i canali social come Facebook. Consentono alle aziende di poter aumentare il proprio target potenziandolo. Le aziende devono necessariamente relazionarsi con il pubblico potenziale. Oggi esistono questi strumenti perché non utilizzarli? Una volta non esistevano questi attività prima dell'avvento di internet e tutta la comunicazione tra L'azienda è il cliente era principalmente attraverso il contatto fisico e non virtuale. Utilizzavano i social media, la televisione, Il Giornale, la radio, i manifesti ed altro. Oggi internet ci dà la possibilità di poter utilizzarlo come strumento per accaparrare maggiori utenti e clienti senza particolari sforzi risparmiando anche qualcosina. Il mondo è stato stravolto da internet catapultando questa situazione. Oggi il cliente effettua i propri acquisti attraverso delle ricerche on-line con appositi motori di ricerca o attraverso i canali Social, leggendo le recensioni e i commenti sul prodotto. Per tal motivo è importante utilizzare i canali Social come Facebook per poter interagire con il pubblico rispondendo alle loro domande e informazioni. Le aziende non devono utilizzare Facebook esclusivamente per le attività promozionali, anzi devono utilizzare Facebook per divulgare le informazioni commerciali e altre informazioni utili agli utenti, informazioni che permetteranno all'utente di risolvere le sue problematiche o comunque di poter scegliere al meglio i prodotti. L'importante è curare la pagina Facebook in modo quasi maniacale. Ogni giorno bisogna inserire nuove funzionalità. Impostate la pagina in modo che l'utente possa trovare tutte le informazioni in modo rapido. Sfruttate al meglio la vostra testata, attraverso immagini statistiche, slide o video. Facebook è uno spazio importante perché ci permette di comunicare con dei potenziali clienti inculcando nelle loro menti il messaggio aziendale che vuoi emanare e perché devono scegliere la tua azienda. A questo punto una volta pronta la tua pagina Facebook è importante creare un calendario editoriale. Il calendario editoriale ti permetterà di pianificare la pubblicazione dei tuoi contenuti in linea ai propri argomenti. Dovrai catturare l'utente a tal punto da invogliarlo a seguire in modo definitivo la tua pagina fornendogli dei contenuti di qualità in base ai valori, al servizio e ai prodotti che vuoi offrire. I social media da 10 anni a questa parte sono diventati il luogo in cui gli utenti possono colmare la loro sete di ricerca di informazioni utili e interessanti, scambiare e condividere idee su un milione gli argomenti, leggere le recensioni dei prodotti, cercare luoghi da visitare per i propri viaggi, trovare informazioni per un posto di lavoro e scegliere un ristorante per cena. A tal proposito è molto importante essere sempre presenti per fornire le risposte utili ai vostri clienti. Utilizzate Facebook come Social customer Care, rispondete alle domande degli utenti per capire come poterli aiutare risolvendo i loro problemi. Gli utenti possono contattarvi per una serie di motivi, magari hanno appena acquistato il prodotto e non sanno come utilizzarlo. In questo caso il Social Customer Care entra in azione, aiutando i clienti; guidandoli nell'utilizzo del prodotto. Fare social media marketing su Facebook è una vera e propria strategia di marketing. Una corretta strategia su Facebook mi permetterà di ampliare le vostre attività attraverso le campagne di Facebook ads che abbiamo già citato precedentemente.

I CONSIGLI

ERRORI DI MARKETING DA NON COMMETTERE

Siamo giunti al termine del nostro e-book sulle strategie di marketing su Facebook. Molti errori si commettono durante la realizzazione delle strategie quindi a mio parere è importante cercare di capire quali possono essere gli errori in cui potete incappare. A tal proposito ho deciso di inserire in questo e-book un piccolo spazio dedicato agli errori da evitare nella realizzazione di una strategia di marketing.

Iniziamo con il primo errore. Come sapete Facebook è molto semplice da utilizzare, un po' tutti sono capaci di aprire una pagina, un profilo o un gruppo. In questo caso non è necessario utilizzare una strategia. Si pensa che la facilità di uno strumento non porti alla necessità di una strategia, alla fine è molto semplice aprire una pagina personale, basta inviare gli inviti a mettere un mi piace e il pranzo è servito. In realtà non funziona così. Se tu sai scrivere non significa che sei il nuovo Stephen King. Stessa Cosa succede su Facebook. Anche se sei in grado di aprire o di scrivere dei post pubblicando delle foto o dei video non ti rende autonomo professionale nel social media marketing. Facebook è un canale che ti permette di comunicare con le sue regole e i suoi meccanismi, per tal motivo è importante seguirli senza ignorarli. Se vuoi intraprendere la carriera di social media marketing su

Facebook devi creare per forza una strategia con il tuo piano editoriale, basandosi sull'obiettivo che vuoi raggiungere.

Prima regola crea una strategia con un piano editoriale e quali sono gli argomenti o le categorie da inserire nei tuoi post. Subito dopo stabilisci quali post pubblicare e quanti post pubblicare durante la settimana con degli orari specifici. Ovviamente la pubblicazione dei post deve avvenire in modo quotidiano, non puoi pensare che postando un post al mese la tua pagina otterrà maggiore visibilità. Un post al giorno toglie la concorrenza di torno!

Un altro errore su cui potresti incappare è quello di utilizzare Il proprio profilo personale. Utilizzando il profilo personale potrete richiedere le amicizie cosa che non potete fare invece con la pagina aziendale. Questa regola però non è inventata è proprio Facebook che lo dice, il profilo personale può essere utilizzato solo dalle persone e non dalle aziende. È vietato l'utilizzo di profili per promuovere la propria azienda. Infrangendo tale regola rischierete di indurre Facebook alla chiusura del vostro account. Questo comportamento deve essere evitato non solo per la probabile chiusura del tuo profilo ma per altri motivi. Un profilo personale ha un limite di 5000 amici dopodiché non potrai aggiungerne altri. Aggiungere persone senza criterio non è un modo ideale per creare i tuoi potenziali clienti, ricordati di creare sempre il target mirato. Altro motivo, i profili non hanno i famosi Insight, dati statistici che ti permettono di verificare l'andamento della tua pagina e di raccogliere informazioni utili per la tua strategia. Altro motivo, il profilo personale non può utilizzare il Facebook Ads. In questo modo non potrai utilizzarlo e non otterrai maggiore visualizzazione per intercettare nuovi clienti. Forse l'unica cosa che potrebbe essere positiva nell'utilizzo del profilo personale e che Facebook effettivamente fa in modo che le notizie vengono mostrate in modo più continuativo nei profili amici, piuttosto che quelli delle pagine. Mostrando i contenuti che le persone preferiscono vedere su Facebook come le storie dei propri amici, piuttosto che le storie delle aziende. Se ci fate caso, il newsfeed, ossia quella fascia centrale che si trova su Facebook dove scorrono le notizie, vedrai che queste vengono mostrate molto di più rispetto ai post dei tuoi amici. Questo accade per incentivare le persone a rimanere più tempo su Facebook, continuando a tornare più spesso sulla piattaforma ottenendo maggiori entrate pubblicitarie. Utilizza dunque il profilo personale per fare il personal branding relativo alla tua attività.

Utilizza il tuo profilo per il personal branding anche perché il tuo profilo sarà necessario se vorrai interagire con dei gruppi che trattano la stessa tematica del tuo business. Realizza la tua pagina aziendale, utilizzala principalmente per presentare i tuoi prodotti e servizi. Attraverso il tuo profilo potrai invitare i tuoi amici a mettere mi piace sulla tua pagina. Dunque profilo e pagina sono strettamente collegati e si aiutano a vicenda.

La cosa più sbagliata che un soggetto può compiere nel mondo del social media marketing è quello di considerare Facebook come un vero e proprio mercato della frutta dove mettere a tutti i costi in bella vista i propri prodotti sperando di venderli al primo che passa. Questa strategia su Facebook non funziona e neanche sugli altri social. Facebook come altri social media nascono per conversare non è un canale televisivo. Su Facebook sono le persone che decidono che cosa guardare e cosa no. Attraverso l'algoritmo di Facebook verranno mostrati soltanto quei contenuti che avranno ottenuto un gradimento alto, mentre i post non sponsorizzati diventeranno invisibili.

Avete creato dei post promozionali su Facebook però stranamente non funzionano. In questo caso dovrai promuovere direttamente i prodotti e servizi che non funzionano, crea dei contenuti di valore per far apprezzare il tuo Brand e i tuoi prodotti, poi procedi alla vendita utilizzando degli strumenti esterni al sito come le Landing page, la newsletter o il tuo sito web. Devi vedere Facebook come un luogo in cui le persone si incontrano, si conoscono e si presentano e dopodiché li inviti in questo ufficio virtuale per parlare.

Se sei stato bravo e hai creato una strategia con tanto di piano editoriale devi cercare di creare un valore aggiunto ai tuoi prodotti, in modo tale che le persone si interessino in modo spontaneo alla tua pagina e a ciò che vendi. Dovrai fare in modo che le persone vengono attratte in modo automatico a quello che fai e siano loro a fare un passo verso la direzione dell'acquisto. Per arrivare a questo punto dovrai conquistare la loro fiducia. Se ad esempio nella tua pagina vendi macchine per impastare il pane quello che dovrai fare è pubblicare e scrivere dei post che possono dare dei consigli su come utilizzare questa planetaria oppure inserisci delle ricette che possono essere realizzate attraverso l'utilizzo di tale planetaria. Pubblica dei contenuti correlati a quello che vendi. Se pensi soltanto a vendere senza creare quel valore aggiunto non venderai molte planetarie.

Molti pensano che utilizzare Facebook sia uno strumento totalmente gratuito e che non bisogna impiegare ingenti quantità di denaro. Sì questo è vero, Facebook permette di iscriversi in modo gratuito e senza versare alcuna quota, ma se volete utilizzare appieno le potenzialità di Facebook come le sponsorizzazioni, sarà difficile ottenere maggiore visibilità senza l'utilizzo di Facebook ads. Utilizzando Facebook ADS potrai indirizzare i tuoi annunci agli utenti che sono realmente interessati a diventare tuoi clienti. Per esempio puoi indirizzare il tuo annuncio o contenuto a persone che comprendono un'età determinata e che vivono in determinate città dove tu operi la tua azione di vendita. In tal modo può intercettare il tuo potenziale cliente ideale mostrandogli i tuoi contenuti e i tuoi annunci pubblicitari, anche se lui non ti sta cercando come accadde su Google.

Dunque Facebook non è totalmente gratuito almeno se vuoi utilizzarlo come social media marketing. Pianifica il tuo budget giornaliero, non so magari €5 al giorno. Questo ti aiuterà ad ampliare la gittata dei tuoi post. Un modo semplice ed efficace per utilizzare Facebook ADS e fare clic su metti in evidenza il post, un pulsante che si trova sotto ad ogni post della tua pagina, in tal modo potrai sponsorizzare i tuoi post facendogli vedere ai tuoi fan e amici.

In conclusione qualsiasi cosa o qualsiasi percorso tu voglia intraprendere non è mai totalmente gratuito, se vuoi ottenere determinati risultati devi comunque tenere a mente che bisogna avere un piccolo o un minimo budget a disposizione. Il social media marketing su Facebook può essere molto produttivo se si riesce a realizzare una vera e propria strategia di marketing curata nei minimi dettagli e in modo meticoloso. Tutti possono iniziare a intraprendere questa strada a piccoli passi sempre stando attenti alle insidie che si possono nascondere dietro a questi meccanismi. La cosa importante è non perdere la testa, continuando ad andare avanti senza false illusioni e senza false prospettive. Mantenete sempre i piedi per terra e non fatevi prendere dall'entusiasmo eccessivo. Per ogni impresa bisogna sempre andare a piccoli passi.